Silke/c H.

Vom Suchen und Finden

Impressum

Die Deutsche Nationalbibliothek verzeichnet diese Publikation in der Deutschen Nationalbibliografie.
Detaillierte bibliografische Daten sind im Internet über http://dnb.dnb.de abrufbar.

1. Auflage 2020
Copyright © 2020 Silke Hoffmann
Herstellung: BoD – Books on Demand, Norderstedt
Umschlagmotiv und Illustrationen: Sylvia Wilhelm
info@sylviawilhelm.de

ISBN: 9-783751-998543

Für meine Frau...

ohne die dieses Buch nicht entstanden wäre.

Nach all den unendlich langen Jahren gescheiterter Versuche, hofft mein Herz, meine Seele immer noch-auf UNS. Ich weiß es ist naiv, dumm und sowieso hoffnungslos, denn alles was die Realität für uns noch übrig hat, ist ein ohrenbetäubendes Schweigen. Ich versteh bis heute nicht, wie eine solch starke Liebe für immer trennen kann. Doch das Faszinierende daran ist, das ich trotz Schweigen und unüberbrückbarer Distanz, spüre und immer wieder fühle, dass du dich auch nach mir sehnst. Wenn unsere Gefühle wieder einmal zu stark sind, dann klopfst du an meine Tür und ich an deine. Dann treffen wir uns voller Zärtlichkeit, mit Tränen verschmierten Gesichtern und mit nichts, außer der tiefsten, reinsten Liebe-in dem letzten Raum, der uns noch geblieben ist-in unseren Träumen...

„Es waren zwei Königskinder,
die hatten einander so lieb,
sie konnten zusammen nicht kommen,
das Wasser war viel zu tief.

"Herzliebster, kannst du nicht schwimmen?
Herzlieb, schwimm herüber zu mir!
Zwei Kerzen will ich hier anzünden,
Und die sollen leuchten dir." (Volksballade)

Ich will

Wo komm ich an, wenn nicht an deiner Seele?
Wo bin ich sehend, wenn nicht in deinem Herzen?
Wo bewege ich mich fließend, voller Hingabe,
wenn nicht in deinem Schoss?
Ich sehne mich nach Nähe
bedürftig zu ertrinken, in deiner Fülle

Sprich mit mir! Tanz mit mir!
Nimm mich an deine Hand und lass uns gemeinsam
dahin gehen, wo nur Liebe und Leidenschaft herrscht.
Lass uns das Zauberland der Zärtlichkeiten betreten.
Um der bitteren und kalten Realität zu entfliehen.
Nur du und ich in ewiger Umarmung.

JA/Nein

Du sagst: „Du siehst gut aus.“
Zweimal!
Du sagst trotzdem: „Nein“
Und schaust mich dabei vielsagend an.
Soll ich raten was du mir eigentlich sagen möchtest?

Willst du, das ich an deiner Tür kratze?
Willst du, das ich dir die Sterne verspreche?
Kommst du dann mit mir?
Nur einmal, dich
Erleben, spüren, fühlen, wie du wirklich bist.
Nicht, was alle anderen immer nur sagen.
Du bist nicht so, das spüre ich.
Du bist schüchtern und verletzbar.
Ich will genau wissen, WO und dann will ich meine Hände
darauf legen, so das sich alle Stellen schließen, die
schmerzen.

Hier und Jetzt

Du stehst vor mir
Deine brust hebt und senkt sich
Ein leichtes flackern in deinen augen
Dein mund sinnlich und voll

Leg deine arme um mich
Das ich dich spüre, genau hier
In meinem herzen
Sei still und lausche den energien
Die da fließen
Lass dich einweben auf dieser reise
Zu dir selbst.

Ich will dich so sehr
Genau hier, unter mir
Will das du dich windest
Unter meinen händen und durch meine küsse

Wenn du mir etwas in mein Ohr flüsterst, werde ich
Dich mitnehmen auf eine reise, die du nie vergessen
wirst.

Lass mich nicht so stehen
Nimm mich mit zu dir
Ich will dich spüren, dich erleben, sehen wie du
wirklich bist
Ich will dich schwach und still erleben
Schüchtern und in erwartung dessen was kommt

Bitte, lass mich nicht so stehen.
Es gibt nichts, was jetzt wichtiger ist
Als gemeinsam auf reise zu gehen - zu uns selbst.
Ich will dich.
Hier und jetzt.

Bitte!Bitte!Bitte!

Erzählst du mir etwas von dir...über dich und wie du die Welt fühlst?
Kannst du es sehen, wie die Bäume langsam ihre Blätter verlieren?
Sie nehmen Abschied von dem, was hinter ihnen liegt und bereiten sich ganz leis auf das vor, was kommt. Sei ganz still, dann hörst du das Ächzen in den Stämmen, wie sie mit Mühe das loslassen, was reich und voll war.
Ist das so wie bei dir?
Wer bist du jetzt, nach dem was alles war?

Und auf was wartest du, wenn du allein in deinem Zimmer stehst und die Sterne anschaust, die nur für dich strahlen?
Ich möchte mit dir auf Reisen gehen. Neue Plätze entdecken, die nur unsere sind.
Wie ist es, wenn du auf die Erde unter dir schaust? Was siehst und fühlst du?

Siehst du, so wie ich, die kleinen Grashalme die
versuchen durch die Erde zu stoßen?

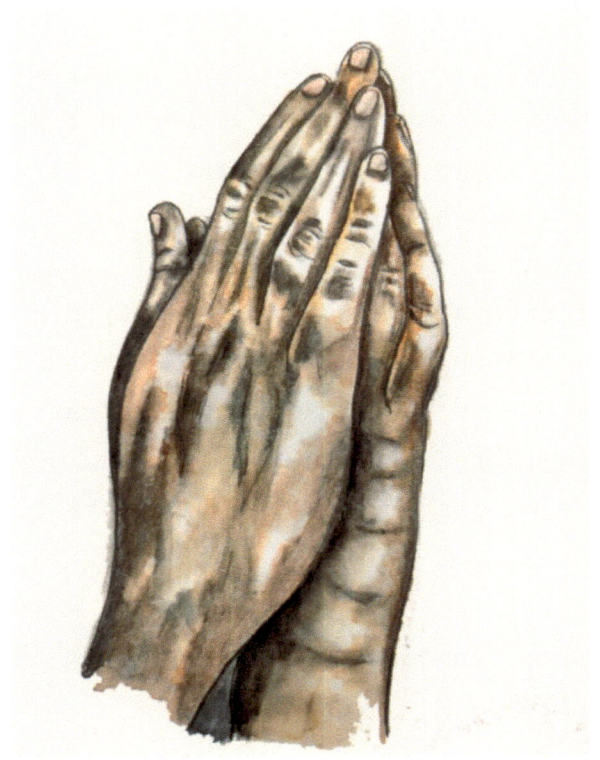

Für I. (1.Versuch weg von dir)

Ich erinnere mich, wie deine wunderschönen
Halbmondaugen auf mich schauten.
Blicke, die in die Ferne sehen, dahin wo die Wellen das
Ufer berühren.
Ich erinnere mich an deine Natürlichkeit, mit der du im
Hemdchen und Unterhose einfach so vor mir standest.
Zur mir auf blicktest, ohne zu wollen aber trotzdem mit
dieser Geste ALLES sagtest.

Ich erinnere mich an unsere Intensität, die wie ein
plötzlicher Sandsturm über uns kam - uns gefangen nahm
und mit riss in den stärksten Sog der Kraft.
Ich hätte dich gern noch mehr erlebt und genossen, wäre
gern in dir aufgegangen, wie die blutrote Sonne am
Morgen.

Danke für diese schöne Begegnung, die mich deine Tiefe
hat spüren lassen.

Ich muss gehen, denn ich könnte mich in dir verlieren
und man verliert sich nicht in Menschen, die zu
gefährlich sind.
Danke für diese schöne Begegnung mit dir.

Ohne Dich

Das licht zieht an mir vorbei und bringt dunkle
Schatten.
Sie nehmen mich in ihren bann, ich kann ihnen nicht
entfliehen.
Ein brei aus klebriger masse fließt in alle öffnungen
meines körpers.
Und lässt nichts mehr raus und rein.
Ich weiß nicht wo ich bin.
Es ist alles so dunkel hier.

Versuche zu schreien, doch es kommt kein laut aus
meiner kehle.
Ich sehe keinen weg aus dieser finsternis hinaus.
Auf was soll ich warten?
Soll ich darauf warten, das es vorbei geht?
Wer hält mich in dieser dunkelheit?
Ich will nicht mehr hier sein.
Will leben, mich spüren.

Doch ich weiß nicht wie das geht, ohne dich an meiner seite.
Alles ist so dunkel ohne dich.

Ich weiß noch nicht einmal, ob ich überhaupt nach dir suche.
Alle frauen öden mich an.
Immer nur die selben gesichter, die selben gerüche, die selben probleme.
Ich habe keine freude mehr an ihnen und ich mag ihnen auch nicht mehr zuhören.
Ich will mich um mich selbst drehen, ohne etwas geben zu müssen.
Ich habe viel zu viel gegeben.
Ich bin leer davon geworden.

Ich weiß nicht, nach was ich suche.
Vielleicht nach mir?
Nach der freude, dem glück in mir,
ohne dich.
Einfach nur ich.

Gegenwehr

Moment. Licht. Stille.
Keine Worte, die sich formen...nur ungefüllte Blätter,
aber voller Leben ist das, was Innen ist. Angefüllt mit
Farbe, tapeziert mit goldenen Sprenkeln, die im
Sonnenlicht glitzern.

Ich spaziere durch meine inneren Räume. Allein.
Neugierig.
Erfüllt von einer sättigenden Schwere, die ins
Bodenlose fällt, wenn ich sie nicht halte.

Blicke. Von überall her. Heften sich an die Farben, an
die Tapeten und lassen sie ineinander fließen, ohne
Boden. Wohin nur? Lass ich mich in die Ewigkeit fallen
oder gibt es eine Schranke die stoppt?
Wo lande ich dann? Ganz unten, ganz oben oder in meiner
Mitte?

Überall bunt, ohne eindeutig zu sein.

Ich kann nicht mehr, ich muss folgen, fließen, eins
werden
oder doch ein Punkt setzen, der grün ist?

Immer der gleiche Anfang oder über das Verliebt - sein

Zart und gleichzeitig so bitter ist das Gefühl des Begehrens. Woher weiß ich was -Wollen- ist, wenn ich es nicht greifen kann? Kann ich es schmecken, jede Einzelheit auf meiner Zunge spüren, in verschiedensten Variationen - ob du mich willst? Woher weiß ich, wie kann ich es wirklich fühlen- ob jede deiner Zellen nach mir verlangt? Und wenn dem so ist und ich jedes Wollen aus dir herausgekitzelt habe, woher weiß ich, das ich es nicht wieder zerstöre? Diese zarte Pflanze, die ich in meinen Händen halte... all die geschriebenen Worte, nicht kaputt mache, durch mein großes Wollen? Wo kann ich hin damit? Wo findet es einen Platz, an dem es nicht nur Zerstörung anrichten kann? Wollen...immer wollen ...ist es Bedürftigkeit oder ein sich nicht in sich selbst zentrieren können? Bin ich allein damit oder teilen es noch andere Menschen mit mir? Ist es Instinkt oder Gefühl? Bin ich ein Reptil oder ein Mensch in dem Moment des Jagens? Alles, einfach alles will dann dich, ganz und gar. Kann ein Mensch, der erst beginnt zu fühlen- die Bedürftigkeit, das starke Drängen des Gegenübers halten? Oder richtet es immer per se Zerstörung an?

Vertreibt es, wie ein Waldbrand auch das letzte Leben?
Geh nicht weg!
Bleib bei mir!
Halte mich in diesem Moment des starken Wollens!
Halt mich einfach nur!

Sehnsucht (2.Versuch weg von dir)

Du bist Neu...
Du bist schön...
Du bist da...
Der Raum bewegt sich unter deinen Schritten.
Nichts ist wie es war...

Der Herbst zieht über das Land und hält Einzug mit
tausend bunten Blättern, die sich in Kreisen über die
Welt verteilen. Über meine Welt. Ich atme den Geruch
des Laubes tief in mich ein. Es riecht wie du. Herb und
doch auch süßlich. Abschied und Willkommen- machen sich
breit in meiner Brust.
Ich weiß jetzt kommt die Ruhe, der Stillstand...ich
muss ganz leise sein...ganz leise, bis der Schnee seine
Kraft verliert und sich die zarten grünen Triebe durch
seine Decke stehlen.

Wie ist es, wenn du unter meiner liegst?
Hast du dann genug Wärme?

Bist du dann beschützt vor der Kälte der Welt?
Was kann ich tun, das du an meiner Tür klopfst und den
Frühling hinein lässt?

Schatten

Ich suche dich in der Dunkelheit
Finde immer wieder nur ein Fetzen Licht
der nicht deinen Schatten zeigt,
wie er mit leichten Füssen durch den wohl beheizten
Raum läuft.

Ein Geräusch durchdringt den Nebel
es könnten deine Schuhe sein, die grade den Boden vor
meinem Haus berühren.
Ich gehe, um dich zu suchen
Und finde doch immer nur mein eigenes Spiegelbild,
welches mich durch die Fensterscheibe sehnsüchtig
anschaut

Ich brenne!

Die Nacht erweckt den Eindruck, als gäbe es keinen
Morgen.
Ich hocke mit angezogenen Beinen und dem Gesicht auf
meinen Knien, vor dem Kamin.
Schaue den Flammen zu, wie sie wild umeinander tanzen
und dabei solch eine betörende Wärme ausstrahlen, das
nur du in ihnen wohnen kannst.

Meine Gedanken rennen zu dir, außer Atem kommen sie an,
in deinen Armen.
Schon allein die Berührung deines Körpers mit meinem zu
spüren lässt mich schaudern.
Auch mit Sachen.
Dein Geruch, der sich herb und wild den Weg in meine
Nase sucht, benebelt mich so sehr, das ich mich kaum
auf meinen Beinen zu halten vermag.

Du lässt mich los.
Lass mich nicht los(meine Gedanken).
Du schaust mich an und
Bitte sprich jetzt nicht(meine Gedanken)
Sagst: Bis bald.
Bitte geh jetzt nicht(meine Gedanken)
Und drehst dich um, um durch meine Tür zu gehen.

Du hast es nicht weit, nur ein paar Meter.
Und ich steh hier, ohne Flammen die mich wärmen
Ohne Wildheit
Ohne deinen Geruch
Nur mit meinem ganzen Verlangen.

Kommst du?

Oder komme ich?
Kommen wir zusammen? :-)

Du stehst an deinem Fenster zu einer unmöglichen Zeit
und winkst mir.
Eine Einladung? Oder nur freundliche
Nachbarschaftspflege?
Bin ich zu viel mit meinen Worten und Taten?
Soll ich still sein, damit dein Herz mich fangen kann?

Jede Zelle in mir zieht zu dir und verlangt nach deiner
Nähe, deinem süßen Duft.
Soll ich es wagen und dich noch einmal fragen ob du
mich küsst?
Hast du Angst vor dem was sein könnte?
Oder bist du ganz woanders mit deinen Gefühlen und
deiner Sehnsucht?

Wer gibt mir die Antwort auf meine Fragen?
So das mein Mut sich zusammen nimmt und über diese
Mauer springt, die uns trennt?
Soll ich sie einreißen für dich?
Ich sehne mich so sehr nach dir.

Milans Beute

fliegen...einfach nur fliegen...nie mehr ankommen,
immer in der Luft bleiben...suchen, finden, suchen,
finden...sich ausruhen, um erhaben über das weite grüne
Tal zu schauen. Ich lebe, ich fühle...ich will nie
wieder einen Fuß auf die Erde setzen, denn dann würde
ich mich gebunden fühlen, nicht mehr frei sein...nie
mehr in den Lüften tanzen, die Sonne nicht mehr nur mit
einer winzigen Flügelspitze berühren...brennen. Ich
würde nur noch die Kälte der Erde fühlen, einsam und
traurig werden.
Die Nacht bricht herein, ich bin auf der
Jagd...ungebremst im Sturzflug...mein Ziel fixierend,
der Körper gespannt vom Adrenalin, den Blick starr auf
mein Ziel gerichtet...ich lebe, fühle die Kraft in mir
und schieße nach unten...ich hab dich...halte dich mit

meinen Krallen fest, du windest dich. Bist mir aber
ausgeliefert...so lange bis du lernst selbst zu
fliegen, um mit mir gemeinsam den Wind zu spüren, der
uns trägt...du wirst sehen, wir werden mit ihm
spielen...sei mit mir...fühle meine Welt und lass dich
tragen von der Freiheit, die erst dann ganz aufblüht,
wenn du die größte Angst gefühlt hast:
Ich bin du und du bist ich.

Im Kloster (3.Versuch von dir weg)

„Guten Morgen", trällerte mir Frau Müller freundlich entgegen als ich die Treppen im Hausflur mit großen, schnellen Schritten nach unten nahm. „Guten Morgen", grüßte ich mit meinem zuckersüßesten Lächeln zurück und versuchte, mich eilig davonzumachen, weil Frau Müller ihren vielsagenden Blick aufsetzte, mit dem sie immer anfängt, stundenlange Predigten über die Reinigung des Treppenhauses zu halten. Das habe ich wohl schon wieder vergessen, dachte ich mir. Naja, was solls. Ich rief ihr im Vorbeigehen einen schönen Tag zu und machte mich schleunigst aus dem Staub. Unten angekommen begrüßte mich die Sonne, was mir wesentlich angenehmer war als Frau Müllers Begrüßung. Dies würde ein guter Tag werden, so viel war sicher. Ich freute mich schon auf meinen morgendlichen Joggingtrip am Landwehrkanal, in meiner heiß geliebten Stadt Berlin. Also nahm ich die Füße in die Hand und gab Gas. Ich fragte mich unterwegs, als ich an türkischen Obsthändlern und leckeren Süßigkeitsständen vorbei lief, worüber ich mich so sehr freute. Vielleicht war es der wunderschöne Sonnentag, der mir entgegen lachte? Vielleicht aber auch die Aussicht auf heute Abend, denn da könnte ich endlich wieder Greet begegnen. Greet, die Frau die mich schon so lange in ihrem Bann hielt. Greet, die ich von ganzem Herzen liebte und die mich aber, wie soll`s auch anders sein, nicht ganz wollte. Ich war nur ein flüchtiges Abenteuer, aber nicht mehr. So lange hatten wir uns nicht mehr gesehen. Ich war jetzt schon ganz aufgeregt, wo sollte das nur hinführen? Ich wollte mich auf keinen Fall auf sie einlassen, das hatte ich nämlich viel zu oft in den vergangenen Jahren getan und jedes Mal hatte es mit einem großen Drama geendet, aus dem natürlich ich als Verlierer hervorgegangen war. War ja klar! Ich, die immer so viel Gefühle hat, ich die immer so viel will. Manchmal verstehe ich die Menschen nicht, mit ihrem geringen Repertoire an Gefühlsreichtum, ihrer ach so tollen Individualität und ihrer: ich -will- lieber- allein- bleiben Mentalität. Ich bin eben anders.

Und genau aus diesem Grund entschied ich mich, ab sofort einfach mal allein zu bleiben und Greet an diesem Abend nicht zu treffen. Ich wusste, das würde mir schwer fallen, weil ich Nähe und Erotik doch schon sehr gern mochte. Hatte ich beides eine ganze Weile lang nicht, verfiel ich in Schwermut. Aber man soll die Hoffnung nicht aufgeben. So ist es doch, oder?

So lief ich los, tief in meine Gedanken versunken, mit den ungelösten, nervigen Fragen nach Liebe, Beziehung und Sex. Plötzlich streifte eine Hand meine Hand. Es war eine so zarte und unverhoffte Berührung, die mich aus meinen Gedanken riss. *Mh, wer war das, was war das?* Ein wohliges Kribbeln durchfuhr mich. Ich drehte mich um und sah eine Frau, die klein wirkte und mit einem leichtem Lächeln ihrer Wege ging. *Mh,* dachte ich mir, schenkte dem aber keine weitere Beachtung und lief weiter. Ich sah Menschen an mir vorbeiziehen, auf Decken im Gras lungern, musizieren und mit ihren Hunden herumtollen. Alles Paare. Ich wurde ein bisschen neidisch und seufzte in mich hinein. Ein Freund hatte mir einmal gesagt, wenn man etwas wirklich loslässt, dann kommt es ganz bald von ganz allein zu dir zurück. Dieser Satz hat mich schon immer tief berührt und so übte ich mich tagtäglich im Loslassen meines Wunsches nach Beziehung und Partnerschaft. Was blieb mir auch anderes übrig? Frauen gab es genug. Sie kamen auf mich zu, sie wollten mich, sie umgarnten mich. Manchmal war es schwer zu widerstehen, manchmal nicht. Aber alle waren nur Abenteuer und verblassten neben dem Bild meiner einstigen Geliebten. Ich musste meinen tiefen sehnsüchtigen Wunsch nach Beziehung loslassen, was blieb mir anders übrig, wenn ich nicht mich und die anderen Frauen ins Unglück stürzen wollte?

Zu Hause angekommen stieg ich erst einmal unter die Dusche. Das kühle Wasser tat gut auf meiner Haut und spülte auch alle Gedanken aus meinem Kopf heraus, so dass ich mich danach ganz frei und erfrischt fühlte. Ich entschied mich, nach der wohltuenden Dusche zu einem Konzert zu gehen. Unter anderem trat dort auch Max Prosa auf, den ich schon immer mal live erleben wollte. Seine Texte und auch seine Art faszinierten mich enorm. Ein so junger Mensch mit so viel Tiefgang, das ist etwas Seltenes und vor allem berührte mich, das er dabei so frei zu sein schien. Tief und frei...das weckte all meine derzeitigen Sehnsüchte in mir. Auf die anderen Bands hatte ich nicht sonderlich große Lust, aber ich nahm sie in Kauf.

Die Abenddämmerung hing schon über der Stadt, als ich mich auf den Weg zum Konzert machte. Ich war stolz auf mich, da ich es bisher geschafft hatte, nicht doch noch zu Greet zu rennen, wie ich es sonst immer tat.

Auf dem Open Air angekommen suchte ich mir ein schönes, schattiges Plätzchen und genoss meine Eigenständigkeit. Niemand der mit mir redete, niemand der mich von mir selbst ablenkte. Ich ließ die Menschen an mir vorbeiziehen, lauschte den Vögeln um mich herum und spürte den leichten Wind auf meinen Wangen. So versunken in die Welt nahm ich die Band war, die da auf der Bühne vor mir irische Musik spielte. Besonders die Geigerin zog mich in ihren Bann. Dieses Lächeln, diese Sanftheit. An irgendwen erinnerte sie mich. Aber an wen nur? Ich ließ mich von der Musik wegtragen und besonders die Geigenklänge hüllten mich ein. Jetzt fiel es mir wieder ein... Es war die Frau von heute morgen, die ganz leicht meine Hand gestreift und dabei solch eine intensive Regung in mir auslöste hatte. Ich dachte darüber nach, sie nach dem Konzert anzusprechen, sie auf einen Kaffee einzuladen. Aber nein, dann würde ich mein Vorhaben brechen. Und Liebe bringt doch immer nur Unglück. Auf eine Bettnummer hatte ich auch keine Lust mehr, das hatte ich schon zu oft in meinem Leben ausprobiert. Also verwarf ich den Gedanken ganz schnell wieder. Ihr Auftritt war sowieso schon vorbei. Sie waren dabei einzupacken. Ich riss meinen Blick von ihr los und konzentrierte mich ganz intensiv auf andere Dinge. Schließlich hatte ich mich doch gerade noch über mein Alleinsein gefreut. Eine ganz neue Erfahrung. Und ich war stolz darauf, dass ich es bis hierher geschafft hatte. Und so verging die Zeit. Max Prosas Auftritt stand kurz bevor und ich freute mich schon riesig darauf. Er betrat die Bühne und stimmte zu meinem Lieblingslied an: „ Im Stillen". Das Stück erinnerte mich so sehr an Greet. Ich floss in alten Erinnerungen dahin und wurde ein bisschen schwermütig... bis ich neben mir eine Bewegung wahrnahm. Genau neben mich, an meinen Baum, setzte sich eine Frau- die Frau! Die Geigerin! Und trank ihren Kaffee und das, obwohl ich sie nicht dazu eingeladen hatte! *„So was"*, dachte ich mir und schaute schnell weg, da ich ja gute Vorsätze hatte! Sie wand den Kopf zu mir, das nahm ich aus meinen Augenwinkeln wahr und sagte einfach so zu mir: „Schöner Hut". Schöner Hut! Was soll man darauf sagen? Zum Beispiel: Hey du trinkst deinen Kaffee, obwohl ich dich dazu einladen wollte, aber es nicht tat weil ich gute Vorsätze habe! Aber nein, ich sagte mit meiner schönsten Stimme: „Und du spielst ganz berührend auf der Geige." So kamen wir ins Gespräch. Auch sie konnte sich an heute Morgen erinnern und sprach davon, dass es keine Zufälle gibt und dass man sich immer zweimal im Leben begegnet, wenn die Begegnung von großer Bedeutung sei. Da wir uns an einem Tag zweimal begegnet sind, schien es wohl sehr bedeutend zu sein. Es war schön ihr zuzuhören. Sie sprach mit einer Genauigkeit und

Überlegenheit, die gar nicht zu ihrem Typ zu passen schien. Sie wirkte sehr emotional, tief und lebendig. Mich faszinierten diese Gegensätze. Aber nein, jetzt nicht wieder in irgendwelche Absichten verfallen, ich weiß doch, wohin das führt. Und so brach ich das Gespräch ab und ging meiner Wege. In ihren Blick mischte sich ein Gefühl von Traurigkeit als ich gehen wollte. Es war nur ganz fein wahrnehmbar. Ich denke, sie gehört zu der Art von Frauen, die man nicht so schnell mitbekommt, nicht so gut fühlen kann, weil sie Angst davor haben, wenn andere sie fühlen. Spricht man sie daraufhin an, dann wissen diese Frauen nicht, wovon man redet. Ach nein, das hatte ich doch erst, meldete sich mein Kopf zurück. Ich möchte nicht wieder leiden. Mich nicht wieder auf etwas einlassen, wo ich nicht sicher sein kann. Was mir Angst macht und mich hinter jemandem herlaufen lässt. Ich fühlte, das sie zu den Frauen gehörte, denen man im Leben nicht allzu oft begegnet, die sich mein Herz nehmen und es nie wieder loslassen,. Ich war solch einer Begegnung nicht gewachsen, nicht mehr. Also blieb ich bei meinem Entschluss, trotz ihrer Traurigkeit.

Ich fuhr ganz schnell los. Raste mit meinem Rad durch die Straßen, ungeachtet der Fußgänger und Mütter mit überdimensionalen Kinderwägen. Mein Herz schlug bis zum Hals, ich war außer Atem. Ich musste einfach weg von da. Ganz weit weg. Und so entschied ich mich, aus der Stadt zu fliehen, in der Hoffnung in mir stärker zu werden, bei mir bleiben zu können. Setzte mich kurzerhand in mein Auto und fuhr in ein buddhistisches Kloster. Ein perfekter Ort um keiner Frau zu begegnen, die noch an anderen Dingen, außer an spirituellen interessiert war. Perfekt! dachte ich mir.

Die Fahrt ins Kloster dauerte lange. Aber ich hatte mir ein paar Hörspiele mitgenommen, so dass es mir nicht langweilig werden würde. Das war eine super Idee. Dort angekommen wurde ich belohnt. Wunderschöne Natur- leicht hüglig schmiegte sie sich um das kleine Häuschen. Das Haus sah fast mediterran aus und dadurch fühlte es sich so an, als ob ich gar nicht in

Deutschland wäre. Die Blumen, von denen es zahlreiche gab, begrüßten mich mit ihrem Duft. Oh, wie freute ich mich auf ausgedehnte Spaziergänge, Einsamkeit, Sport und Meditation. Nach der Begrüßung zeigte mir ein Mönch mein karges Zimmer. Es hatte einen wunderschönen Ausblick. Weit und breit war nichts außer wilder Natur. Ich packte meine Sachen aus und legte mich für einen Moment auf mein Bett.

Später erfuhr ich von demselben Mönch der mich in Empfang genommen hatte, dass ich abends noch dem Küchendienst zugeteilt wurde. Jeder muss hier mithelfen. Die Besucher lernen, wie man einfache Arbeiten in Meditation verrichten kann. Da war ich mal gespannt. Ich war stolz auf mich, dass ich mich auf die Reise zu mir selber machte. Dadurch hatte ich die Chance, mich mal nicht in irgendwelchen Dramen mit irgendwelchen Frauen wiederzufinden. Mit guter Laune schlenderte ich nach ein paar Stunden der Ruhe in die Küche zu meinem ersten Küchendienst.

Als ich die Tür zur Küche öffnete, traute ich kaum meinen Augen! Mehrere hundert Kilometer von Berlin entfernt saß SIE am Tisch und schnippelte Gemüse! Alle schauten mich etwas irritiert an, während ich scheinbar geschockt mit offenem Mund die süße Geigerin anstarrte. Ich schüttelte mich kurz aus meiner Schockstarre und presste ein „Guten Abend" aus meinem Mund heraus. Ein Mönch teilt mich ebenfalls zum Gemüse schnippeln ein. Von der Geigerin kam nur ein gnadenlos umwerfendes Lächeln. Als ich neben ihr Platz nahm, flüstert sie mir ins Ohr, da sprechen nicht erlaubt war, ob ich jetzt immer noch an Zufälle glaube. *„Wie unverschämt von ihr"*, dachte ich und versuchte mich krampfhaft auf das Gemüse zu konzentrieren, welches wir dann gemeinsam schweigend schön sauber zerhackten, bis es Essen gab. Während wir aßen, schauten wir uns immer wieder still in die Augen. Ich versuchte ihren Blicken auszuweichen, doch sie sucht meine Augen immer wieder aufs Neue und wirkt dabei so locker und entspannt. Ganz im Gegensatz zu mir! Ob sie es merkte, wie ich mich fühlte? Wir verständigten uns, ohne Worte darauf, dass wir nach dem

Essen einen Spaziergang zusammen machen. Gleich nach dem Essen flitzte ich zur Eingangstür meines schönen mediterranen Hauses. Innerlich sprudelte ich vor Freude über, da ich sie gleich ganz allein sehen würde, um mit ihr über die Wiesen zu laufen.

So kam ich schlitternd vor ihr zum Stehen und wäre ihr beinah in die Arme gefallen, da ich für einen kurzen Moment das Gleichgewicht verloren hatte. „Macht nichts", sagte sie und ich wunderte mich darüber. So starteten wir zu unserem ersten Spaziergang.

Sie erzählte mir, dass sie sich schon lange für dieses Kloster angemeldet hatte und einfach mal eine Auszeit in der Natur brauchte. Auch sie war hier zuvor noch nie gewesen. Aber der Buddhismus hatte sie schon immer interessierte. Ihr Zugang zur Spiritualität wirkte auf mich natürlich und irgendwie kindlich, rein. Sie verlor darüber keine großen Worte. Wir lernten uns kennen, ganz langsam in dieser Zeit in unserem Kloster. Meine Angst wich allmählich der Freude, mehr von ihr erfahren zu dürfen, zu wissen wer sie ist. Ich freute mich jedes

Mal auf unsere Begegnungen und vor allem auf ihr warmherziges und doch auch verträumtes Lächeln. Nachts stahl sie sich in meine Träume, verbannte Greet aus ihnen, schaute mich aus ihren haselnussbraunen Augen an, schmiegte sich an mich mit ihrem zarten Körper und ließ mich für diese schönen Momente tanzen.

Die Zeit im Kloster näherte sich dem Ende und die Rückfahrt stand an. Mir wurde wehmütig ums Herz, weil dies hier ein Platz war, an dem wir uns geschützt begegnen konnten. Kein Alltag, keine Ablenkung. Ich merkte, das ich begonnen hatte, mich zu verlieben.

Mit der anstehenden Abreise kehrte die Angst zurück. Ich zog mich in mich selbst zurück und nahm auch Abstand von ihr. Sagte ihr nicht, was los war, schwieg für mich. Und da war sie wieder, die Traurigkeit, die sich in ihren Augen spiegelte. Die nur ganz leicht zu sehen war, immer nur dann, wenn man genau hinschaute. Ich wusste, dass ich eine Entscheidung treffen musste: Mich entweder auf sie einzulassen, mit allen

Konsequenzen oder mich von ihr zu verabschieden und die gemeinsame Zeit als Geschenk zu nehmen. Ich hatte Angst mich einzulassen, wieder verlassen zu werden, durch den Tod, der plötzlich über das Leben kommt und mir die Liebste nimmt oder durch was auch immer. Sie schien allerdings sehr verbindlich zu sein, gerade weil sie sagte, sie sei langsam mit ihren Gefühlen für Menschen. *Das spricht wohl für sie,* dachte ich mir.

Wir reisten ab, jede in ihrem eigenen Auto. Ein Stück weit fuhren wir gemeinsam. Ich hatte plötzlich das Gefühl anhalten zu müssen. Und das tat ich dann auch. Sie bemerkte es erst später, fuhr dann zurück, weil sie sich Sorgen gemacht hatte. An meinen Wagen gelehnt, stand ich da und wartete auf sie. Kurz zuvor schwor ich mir selbst, mich auf sie einzulassen, wenn sie mein Verschwinden bemerkt. Das war meine Art, das Schicksal entscheiden zu lassen. Sie stieg langsam aus, schaute mich an, mit ihren wunderschönen Augen, in denen immer noch ein bisschen Traurigkeit lag. Man konnte sie doch viel zu leicht verletzten, diese zarte Geigerin. Wir sprachen nicht. Sie kam auf mich zu, nicht nahe, aber nah genug, um sie an mich heranzuziehen und sie das erste Mal zu küssen. Sie zu küssen fühlte sich an, wie diese zarte Berührung unserer Hände am Landwehrkanal. Wie ein kleiner Windhauch, der sich in mein Herz stahl und es endlich wieder öffnete. Der Milan kreiste über uns und schaute mit deinen Augen auf diese Szene herab. Da wusste meine Seele, wo genau sie sein wollte. Bei dir. Immer nur bei dir.

Leere Straßen

Die Straßen liegen leer und verlassen,
in den Gassen spielt der Wind.
Ein Lied kommt von irgendwo her und ich erkenn nicht
seinen Sinn.
Ich gehe und weiß nicht wohin.

So lass ich mich treiben ohne dich neben mir -
um irgendwann wieder da zu sein, wo ich mich nicht
verlier.

Ein Fluss neben mir fließt stetig dahin.
Er weiß was er tut, ganz im Gegensatz zu mir.

So lass ich mich treiben ohne dich neben mir -
um irgendwann wieder da zu sein, wo ich mich nicht
verlier.

Die Treppen bin ich heruntergestiegen, ganz langsam,
noch deine Worte im Ohr.
Sie brennen sich in mein Herz
und hinterlassen einen großen Schmerz

Ich gehe und weiß nicht wohin
Ich gehe und weiß nicht wohin

Hast du mich wirklich erkannt, wer ich bin?
Oder war es dir die Mühe nicht wert?
Ich versteh nicht den ganzen Sinn,
du hast mich doch so sehr begehrt.

Du weißt was du tust, ganz im Gegensatz zu mir
Du weißt was du tust, ganz im Gegensatz zu mir

So lass ich mich treiben ohne dich neben mir -
um irgendwann wieder da zu sein, wo ich mich nicht
verlier.

Meine Welt in deinen Augen.

Ich seh die Welt an mir vorüber ziehen, sie scheint wie milchiges Glas, welches den Blick nach außen nicht zu lässt...ich suche dich in dieser Unendlichkeit von Weiß, aber finde immer nur endlos lange Flure, ohne Ziel. Die Welt ist hinter ihnen verborgen.
Schimmernd Grün scheinen die Schatten von Bäumen. Gedämpft dringen Vogelstimmen zu mir durch. Ich erreiche sie nicht, fühle nur Schmerz, der sich wie schwarzes Pech in mir ausbreitet, sich mit dem Weiß mischt und ein schmutziges Grau ergibt. Wo sind deine Hände, an denen ich mich festhalten kann? Wo deine Augen, die mich beruhigen, weil sich meine Welt in Ihnen spiegelt? Ich will abtauchen in den Frieden des Geborgen- seins, der Sicherheit die ich nur mit dir fühle. Halt finden in dir und nie mehr gehen. Wie bin ich hier herein geraten? Und wie finde ich wieder heraus? Ich sehe nur Umrisse von dir und renne, bis ich keine Luft mehr bekomme...meine Hände versuchen nach den Umrissen zu greifen, rutschen aber immer wieder ab

an kalten, glattem Glas...bitte schlag diese Wände ein,
mach das es aufhört weh zu tun und halt mich, halt mich
einfach nur fest.

Endlich!-keit

Morgengrauen zieht in die Bäume ein
ein Vogel gibt mir sein Gesang
ich warte Stund um Stund allein
Auf Dich- die gestern nach Abschied klang

Gewandert sind wir auf den Fährten
längst vergessener Blütenhaine
nahmst mich gefangen in deinen Liebesgärten
du hast mich tief berührt, so wie davor keine

In Gedanken gehe ich unsere Wege
Stück um Stück verweile ich da und dort
manchmal überrascht mich der Regen
und spült die Tränen fort

Ein Bach aus Schlamm und Eis liegt brach vor mir nieder
ich spüre nur noch Kälte, nicht mehr meine Glieder

und warte auf die Zeit
die entscheiden soll, über meine Endlichkeit

Plötzlich fühl ich deine Hände
auf meiner Schulter liegen,
du schaust mich an, aus deinen weichen Augen

ein Blick der mich tief berührt
ich lass mich in ihm wiegen

Alles nur ein Traum aus dem ich jetzt erwach
und trotzdem ist es warm,
an meiner Schulter
es war nicht deine Hand
so sehr ich mich nach sehn
es war die Sonne,
die mich fand
und auf ihrem Weg, werde ich jetzt gehn.

Die erste Schneeflocke

Ich gehe am Ufer eines Flusses entlang. Er liegt brach in seiner Hässlichkeit. Braun, schlammig und stinkend. Die erste Schneeflocke in diesem Jahr fällt auf die stinkende Grütze. Sie fühlt sich dabei fast verloren an, da sie so wunderschön aussieht. Aber es kommen noch mehr. So das das Land bald im ruhigen Weiß da liegt und nichts mehr zu erkennen ist, von der Hässlichkeit eines verwelkten Herbstes.

Ich hänge meinen Gedanken nach. Konzentriere mich nach Innen. Spüre die Weite in meiner Brust. Es scheint schon so lang her zu sein, als ich geliebt habe. Richtig geliebt. Ich weiß jetzt wieder wie es ist...man erkennt jedes Detail im Gesicht der Liebsten. Das Herz läuft einen über, wenn man nur ihr Lächeln sieht. Die kleinen Lachfältchen, die sich um einen wunderschönen Mund bilden, nimmt man ganz genau war. Alles riecht so gut. Und Rot ist nicht mehr nur Rot. Nein, es ist viel tiefer, viel intensiver als das, was man als eigentliches Rot kennt. Es gibt keine Zweifel im Kopf.

Nichts was auszusetzen wäre. Und glauben sie mir, ich habe immer eine ganze Menge auszusetzen! Alles ist einfach nur perfekt. Manchmal zieht es ganz arg im Bauch, so als ob man den Augenblick nicht mehr aushält, weil alles erfüllt ist von unbändiger Sehnsucht. Und manchmal ist da auch ganz viel Frieden im Herzen, so wie die Landschaft vor mir, wenn sie vom Schnee bedeckt in sich ruht.

Aber das aller Schönste ist, wenn sie in meinen Armen liegt. Ganz nah und noch näher.

Ich verspüre den Wunsch mit ihr mein Leben zu teilen, sie immer um mich zu haben. Ich stelle mir nicht die Frage, ob ich das kann. Da ist ein Bild von einer Bank, auf der wir sitzen: Händchen haltend und mit unzähligen Falten im Gesicht. Die Augen funkeln trotz des Alters, immer noch.

„Ich liebe dich", habe ich ihr noch nicht gesagt. Auch wenn ich es in vielen Momenten ganz stark in mir spürte. Aber die Worte kamen noch nicht über meine

Lippen. Einmal, weil sie sich viel zu banal anhören für dieses unglaubliche Gefühl, welches ich tief in mir verspüre. Dafür gibt es einfach keine Worte. Und ein anderes Mal, weil ich mich noch nicht recht traue, diese Worte auszusprechen. Denn was wäre, wenn ich es tun würde? Die Zeit wird zeigen, ob ich es vermag ihr das zu geben, was sie verdient hat: aus tiefsten, reinstem Herzen geliebt zu werden.

-Come to Daddy- (für Marla Glen)

Ein wohliger Schauer läuft entlang meines Rückens,
als deine tiefe, maskuline Stimme in mein rechten Ohr
singt: **-Come to Daddy-**
Und doch bist du eine Frau -
obwohl du das nicht gern hörst.

-Come to Daddy-
leidenschaftlich - wild und ungebremst
treffen mich deine Worte.
Vermischt mit deiner Attitüde ist es purer Rausch.
Ich schmiege mich an deinen dunklen Anzug -
eine Welle von Elektrizität hält meinen Körper gefangen
und sammelt sich an genau einem Punkt.

-Come to Daddy-
Dein Hut bedeckt die Hälfte deines dunklen Gesichts
Eine Schweißperle fließt von deiner Stirn und bahnt
sich ihren Weg über deine markanten Züge bis zu deinem
Kinn. Ich zerfließe in deiner Nähe...

Du kommst noch ein Stückchen näher...

-Come to Daddy-

Hör nicht auf zu singen!

Dein Mund ist jetzt nur noch einen Millimeter von

meinem Ohr entfernt - mit deiner Hüfte bewegst du

meine.

Deine starke Hand ruht in der Nähe deines Hinterns

Deine rhythmische Bewegung, auch ohne das du mich

berührst, zwingt mich in die Knie.

Ich kann mich nicht mehr halten-gehe zu Boden

- Come to Daddy. Daddy is gonna treat you good.Yeahr.-

Quellennachweis: Liedzeilen aus Marla Glens Lied -Daddy- 2001

Greet - wusstest du schon, das die Blätter wenn sie fallen, sich nichts sehnlicher wünschen als endlich anzukommen?

Greet - wusstest du schon, dass wenn der Regen fällt, er lautlos die Erde berührt?

Greet - wusstest du schon, das der Regenbogen immer auch ein Ende hat?

Ich weiß, dass ich dich immer lieben werde, auch wenn du irgendwann nicht mehr bei mir bist.